LETTRE

A M. LE DOCTEUR CERISE

SUR L'UNE DES FORMES DE LA DOULEUR PHYSICO-MORALE

DÉSIGNÉE DANS CE TRAVAIL SOUS LE NOM DE

SUPPLICIUM NEURICUM.

PAR

LE DOCTEUR DUMONT

(DE MONTEUX),

Médecin de la Maison centrale du Mont-Saint-Michel.

Publications de l'Union Médicale, des 17 et 24 Janvier 1856.

PARIS,

AUX BUREAUX DE L'UNION MÉDICALE,

Rue du Faubourg-Montmartre, 56.

1856

A Monsieur le Docteur CERISE.

Cher confrère et ami,

Vous avez pénétré, mieux que la plupart des médecins, les nombreux et délicats mystères de cette inexprimable douleur névroso-morale que vous appelez *névropathie émotive*. Permettez-moi de vous soumettre et de vous dédier cette étude. Je l'ai faite sous l'autorité de mon expérience *personnelle*, et je la mets au jour pour l'enseignement — qu'on me pardonne cette naïve prétention — de ceux qui ont pour charge de soulager des souffrances encore si peu mises en lumière par les pathologistes, et qui ont droit à la sollicitude de tous les praticiens.

Mont-Saint-Michel, 8 Janvier 1856.

DU

SUPPLICIUM NEURICUM.

Mens narrando deficit....

I.

On a dit des eaux minérales, considérées dans leurs propriétés, qu'elles étaient une *thériaque* formée par la nature : ce qui signifie qu'elles renferment un ensemble d'élémens dont l'analyse ne peut s'emparer pour en rendre compte. S'il en est ainsi des combinaisons de la matière brute, que ne sera-ce pas à l'égard de l'être animé, sensible et pensant ! C'est là que les mystères abondent et que d'innombrables défis sont jetés à notre insatiable curiosité.

De tout temps, on a distingué la douleur morale de la douleur physique, en cherchant à *signaler* les variétés de caractère qui leur appartiennent; mais il est une douleur complexe qui, je crois, n'a pas été suffisamment étudiée dans ses effets comme dans son mode. Je tenterai de faire arriver quelques lueurs sur ce sujet de pathologie éminente, en montrant la différence qui existe entre le *simple mélange* de la douleur morale avec la douleur physique, de la *combinaison* intime spéciale qui, dans certaines conditions, est produite par la coexistence de ces mêmes douleurs.

Avec l'expérience personnelle d'un pareil état, il est on ne peut pas plus difficile d'en aborder la description; mais, sans cette expérience, c'est une tâche impossible !... Ce que je vais en raconter pourra ne pas toujours satisfaire votre esprit, et peut-être même heurter de front quelques-unes de ses habitudes; et cependant ce sera l'expression rigoureuse de la vérité. Je vous demande avec humilité, tout en m'appuyant sur un droit fatalement acquis, d'honorer mes assertions de la confiance que l'Institut a accordée à M. de Savigny, parlant du phosphène; à M. le comte d'Escayrac, exposant les étranges phénomènes du ragle.

Et d'abord, j'étalerai l'une de ces situations qui parlent pour tous et attendrissent presque les natures les plus réfractaires à la pitié.

Soit un homme dont la vie laborieuse et honnête a été interrompue par l'une de ces diathèses qui, comme un toxique lent, dégradent, une à une, nos molécules constitutives et demeurent, pour la science, à l'état d'énigmes introuvables. Or, le malheureux dont il est question est affecté d'un cancer... L'altération de ses traits, l'amaigrissement de son corps, la teinte jaune et le froid de sa peau, la mesquinerie de son pouls, les fréquentes syncopes qui surviennent; enfin, une tumeur circonscrite, dure, lancinante, sans pulsations et cramponnée sur le trajet du colon... Comme tout cela fait image et confirme, péremptoirement, la proposition diagnostique. Voilà pour la souffrance physique: passons à l'autre.

Le malade ne sait pas, au juste, qu'il doit succomber, mais il le soupçonne malgré la pieuse opposition de ceux qui l'entourent. Son cœur saigne de regrets: tous les sentimens de la famille se soulèvent en lui; et, pour combler son calice, il envisage que sa perte, renversant ses affaires, réduira sa femme et ses enfans à la misère; que la séduction, peut-être.... Mon Dieu! que ne présage-t-il pas dans cette fausse agonie, cent fois plus terrible que ne l'est le râle pathognomonique de la mort!

Il y a là, Monsieur, une réunion de douleurs diverses, distinctes, solidaires, qui impressionnent d'un commun accord et mettent le patient dans un cercle vicieux. Cependant la combinaison vitale qui fait l'objet de ce travail ne s'est point effectuée, mais elle pourrait l'être par l'intervention d'une cause déterminante, secondée par l'idiosyncrasie de l'individu. Ce que ce tableau ne rend pas extérieurement, il l'insinue par voie d'induction: il est la peinture fidèle des *douleurs-centaures* de M. Munaret, portées à un très haut degré, et, atteignant, plus ou moins, toutes les créatures de notre espèce: personne n'y échappe,... ce qui fait que nul ne les révoque en doute. Il n'en est pas de même de celles que j'énonce, parceque, s'éclipsant en entier, elles échappent à l'observation du monde extérieur.

Voici, à peu près, comment est amenée la *transsubstantiation* qui les engendre. Le début est signalé par des sensations purement organiques, dont la variété est insupportable ; puis, par concomitance, viennent s'y adjoindre celles de l'ordre moral : on appellera cette condition *hyponcondrie*, *mélancolie*, comme on voudra.... Jusqu'ici ces divers élémens de douleur ne sont qu'en présence l'un de l'autre ; ils se touchent, ils s'*anastomosent*, mais ils ne s'*agrègent* point : ils attendent une circonstance d'impressionnabilité vive qui se comportera envers eux comme un réactif chimique à l'égard de deux corps susceptibles d'échange, et il en surgira une *holopathie* (1) des plus extraordinaires, des plus incomprises !

C'est à la *résultante* de cette conflagration entre les deux principes que je donne le nom de *supplicium neuricum*, état que je considère comme l'avant-garde du *tædium vitæ* et comme l'une des principales tangentes du suicide.

II.

Je reprends et je dis : Dès l'apparition des premiers symptômes de ce boulèversement, on sent passer au-dedans de soi un souffle horripilateur suivi de cette sensation algide que produisait — je suppose — le *cobra capella* ou la vipère, s'entortillant autour du [illegible] l'instant où va s'opérer la combinaison physico-morale. Le rep[illegible] vient-il à lancer sa piqûre, l'action est accomplie, et il en résultera un ébranlement général, une tempête dans laquelle nous serons entourbillonnés comme le sable d'Ammon... *æstuosus Jupiter !* Les scènes qui s'ouvriront alors dans l'arbre nerveux seront éclairées par une lueur fantastique qui vaporisera bien autrement les objets que ne le font les rampes dramatiques ! Nous serons dans un milieu nouveau, dans une sphère épouvantable !... Ah ! Monsieur, si vous me taxiez d'exagération, je vous rappellerais que Samuel Johnson demandait grâce et miséricorde à l'approche de cette infernalité, en assurant que, pour la prévenir, il sacrifierait l'un de ses membres..... Et Escudier nous a affirmé que Rossini ferait un pendant à *Guillaume Tell* en l'honneur du médecin qui le débarrasserait de ses angoisses nerveuses.

Personne ne résiste à de pareilles décharges : qu'on soit Cromwell ou Socrate, on ne saurait y faire face ; car l'âme, torturée dans tous ses replis, tombe dans l'abattement. Il faut que nous acceptions toutes ces

(1) Cette expression, nouvellement émise par M. le docteur Marchal (de Calvi), rend très bien ma pensée.

conséquences comme nous subissons les effets de la pesanteur dans une chute : il faut céder !... parce que, encore une fois, ce débordement est d'une nature indomptable. Tant qu'il dure, le *consensus* est étreint, le libre arbitre enchaîné ; la volonté *ne peut pas vouloir !...*

Il faut être de la famille d'Obermann, de Lefebvre, de Gérard de Nerval, pour connaître ce martyre occulte, ce martyre pour lequel ne sont faites ni les ovations, ni les palmes ! Sa durée est indéterminée, mais, le plus souvent, elle est passagère; car, si cet état se prolongeait, ou s'il se reproduisait dans de trop courts intervalles, — je l'ai dit dans une lettre publique, adressée à M. Foissac — nul ne pourrait y tenir... Il faudrait perdre pied, à l'égal des deux dernières victimes que je viens de nommer.

La rafale étant passée, on retrouve l'équilibre ; et c'est alors qu'on peut s'écrier avec saint Augustin : « Comment se peut-il faire, ô mon Dieu ! que le moment qui transporte d'un de *ces* états à l'autre, fasse une si énorme différence, différence *entre moi* et *moi-même ?...* » C'est que les deux natures ont repris leur pivot : elles ont retrouvé leurs joints et leur *enchevêtrement...*

Néanmoins, on subit, pendant plus ou moins de temps encore, une fluctuation nauséabonde et comme un remous de tristesse qui repoussent l'idée d'une complète délivrance, attendu que le bouleversement et l'effrayante multiplicité de ses épisodes nous poursuivent comme le songe d'Athalie ou comme le spectre d'Hamlet :

Dont le tableau quitté le tourmente et le suit.....

On ne saurait croire combien il est difficile, dans cette période, de supporter ce que Marc-Aurèle appelait la *correspondance de soi à soi.* Il faut nécessairement des intermédiaires qui nous en détournent par une action sympathique. Alors, nous reconquérons la normalité la plus pure ; alors nos facultés, de comprimées qu'elles étaient, s'épanouissent et retrouvent leur énergie tout aussi bien que leur palette... Mais que cet agent moral disparaisse, l'âme se condense de nouveau, reprend, malgré elle, cette *autopsie* spéculative qui nous remet en présence de l'abîme et de toutes ses fantasmagories !

Ah ! si nos amis pouvaient s'imaginer l'importance — allons jusqu'à ajouter — la *sainteté* du rôle qu'ils pourraient accomplir envers nous, leur conscience et leur cœur les contraindraient à un dévouement qui s'ajusterait à nos impérieux besoins : ce n'est pas leur faute, ce n'est que celle de leur ignorance.... Consignons, comme acte de justice, que les femmes ont davantage l'instinct de ces sortes de maux ; parce qu'elles sont naturellement enthousiastes comme les poètes et courageuses comme les héros, dit Lamartine ; parce que leur nerf optique a le pouvoir de percer la membrane de leurs paupières, dit Paul Féval ; parce que, où il y a un mûr d'airain pour nous, il n'y a souvent pour elles qu'*une toile d'araignée*, dit Diderot...

Combien de malheurs illustres ont été amoindris par ce sexe? Dites ce que seraient devenus Pélisson sans Mlle de Scudéri, La Fontaine sans Mme de la Sablière, Sterne sans Éliza Draper, Henri de Latouche sans Mlle de Flaugergues, et tant d'autres dont l'énumération embrasserait les trois quarts de la biographie littéraire et artistique.

Dans les lamentations qui ont été poussées à propos de la fin violente de l'auteur d'*Aurélia* — ce génie qui avait le don de l'esthétique — j'ai dû être frappé par ce passage : « Et il ne s'est pas trouvé autour de lui, si doux et si facile, un cœur assez intelligent, assez *dévoué* pour *deviner*, pour prévoir et pour empêcher l'exécution de ses tristes et funèbres pensées... » Ces paroles sont d'une femme dont le talent ornemente la *Gazette de France* et qui signe : *Sophie des Nos.*

III.

Ce qu'il y a de plus inconcevable pour un esprit familiarisé aux études de la médecine (lorsqu'il fait connaissance avec ce *remue-ménage*), c'est de sentir — et toujours — une parfaite intégrité de la raison et de ses attributs ; c'est *ce dédoublement* par lequel l'homme intellectuel demeure spectateur de l'homme névrosé... En effet, le *moi* physiologique surnage à ce cataclysme comme une *bouée* au-dessus des ébullitions de la mer : il demeure intact, il ne sombre point, mais *il a peur !...*

D'où je serais tenté d'admettre, avec Mojon et le professeur Lordat, qu'il y a deux âmes en nous : l'une de seconde majesté, privée de la propriété de raisonner ; l'autre de première majesté, possédant cette propriété par droit de succession divine.

Je regrette, mon cher confrère, avec un grain de vanité, d'avoir perdu un apologue que j'écrivis, il y a plusieurs années, et qui s'encadrerait parfaitement dans cette lettre ; il était intitulé : *Méditations d'une abeille-reine sur l'état morbide de sa ruche.* Ce morceau dépeignait la situation de l'être moral, en discordance avec ses rouages organiques, au moyen d'une langue que je ne puis retrouver.

Ce dont je vous entretiens, sont de ces choses qui élèvent l'esprit à des hauteurs incommensurables, et qui font comprendre, à celui qui les supporte, toute la fécondité du cerveau humain, toute l'étendue du réservoir de nos misères ! Mais aussi, comme il sent les omissions et les lacunes sans nombre de la nosographie ! En vérité, celle-ci n'en est qu'aux bas-fonds de la science : c'est un livre dont chaque feuillet se brise ou se brouille dès qu'on veut en examiner le *verso*. D'ailleurs, il faut s'y résigner ; car, quels que soient dans l'avenir les progrès de l'expérimentation, ces phénomènes de dualité demeureront éternellement problématiques, parce qu'ils sont, de leur essence, inabordables aux capacités les plus profondes et les plus déliées. S'imagine-t-on seulement qu'il arrive un jour où l'on pourra décrire et réduire en théorie les modifications fluidiques d'un œil qui rayonne de colère ou duquel s'échappent les tendres émanations de la foi ?... Non ! aucun microscope ne pourra les saisir ; et pourtant je parle d'un organe qui fonctionne en notre présence, et dont le jeu a une manifestation saisissante.

Je ne saurais trop insister sur ce fait : c'est que, pour acquérir une parfaite appréciation de cet océan de douleurs, *il faut y avoir été immergé*, et même ne pas être affranchi de ses courans ; une fois en dehors du gouffre, les sensations ne laissent plus dans le souvenir qu'une trace confuse et vaguement dessinée. C'est, du reste, ce qui a lieu pour toutes les grandes secousses, soit qu'elles appartiennent à l'ordre pathologique ou à l'ordre social ; car, selon la belle pensée de Châteaubriand, *Nos afflictions ne sont pas moins vaines que nos félicités.*

IV.

La perturbation ganglionnaire étant, à mon sens, l'apogée de la souffrance, j'ai recherché quelle pouvait être celle du bonheur dans ses conditions *connues* ; et, par une inversion, je suis arrivé à l'amour... mais l'amour s'exerçant sur des âmes affectives, délicates, exquises, et dans des corps qui, au lieu d'être revêtus par un épiderme épais et rugueux ; au lieu de contenir un appareil neurique plus comparable au gréement d'un navire qu'à une harpe éolienne, serait tout ce qu'il y a de plus approprié au développement des sensations. L'histoire me présentant, parmi ses personnages d'élite, mille exemples à ma convenance, je vais faire poser les deux grandes figures du Paraclet. Par là je vous transporterai, Monsieur, aux antipodes du *supplice nerveux*.

Ne soyez point étonné si, dans une voie aussi sombre, je me permets d'intercaler des images qui appartiennent en propre au crayon des Bertin et des Boucher... Je *disséque*, j'analyse l'homme dans la fusion de sa dualité, et le physiologiste a le droit de s'absenter de l'amphithéâtre pour aller observer un cloître, ou de passer d'un lit de clinique au canapé d'un boudoir !..

D'abord, considérons Abailard fasciné par son élève, et arrivant, par gradation, à l'excitabilité génésique. Voyons-le ensuite soutenir une lutte terrible contre les obstacles que lui opposent la religion et la morale ; et, enfin, *convulsé* par la possession absolue de cette femme si achevée, si suave, si splendide, que le temps conserve sous le nom d'*Héloïse*... N'est-ce point là le bonheur mondain élevé à son plus haut terme, un bonheur caché, parce que, s'incorporant à l'être moral, à l'être intellectuel et à l'être physique, il a cette condition de complexité sans laquelle nos sensations demeurent — pour ainsi parler — *dépareillées*... Je m'explique.

Faites intervenir, Monsieur, toutes les joies dont vous avez l'expérience ; plus, toutes celles dont vous n'avez que l'idée, et demandez-vous si elles peuvent s'élancer *avec la même homogénéité* dans les régions suprêmes...

Ne tenons pas compte des sensualités de la table ; car, quoi qu'en aient pu dire Brillat-Savarin et ses disciples, le rôle spirituel est bien infime dans l'acte gastronomique ; et celui des passions affectives n'y entre pour rien. Dans les autres fonctions de la vie nutritive, on s'éloigne davantage encore de la concordance que j'ai rendue palpable. Quant aux impressions animiques, elles ne sont pas moins *détachées* puisqu'elles n'embrassent qu'une portion du *tout*. Le guerrier qui entre triomphant dans la ville qu'il a conquise, l'orateur dont les discours excitent l'enthousiasme, le citoyen qui reçoit la récompense d'un acte généreux, le savant qui enrichit sa patrie par une découverte à résultats immenses, la mère qui sauve son enfant, et bien d'autres béatitudes qu'il ne serait pas convenable de noter, procurent des joies exclusives, spéciales, *sui generis*, ayant une action réflexe et puissante sur l'appareil anatomique, mais ne s'associant point *nécessairement* avec lui.

L'une des illustrations du protestantisme — Athanase Coquerel — a dit, dans un sens tout mystique, que l'*unité* ne se trouvait nulle part que dans l'*amour*... Cette proposition est celle d'un penseur, mais je ne l'accepte *rigoureusement* que dans le mode qui vient d'être précisé.

Nous, Monsieur, nous ne devons pas *déchiqueter* notre sujet : il nous appartient dans son universalité, et il ne nous est pas plus permis de séparer les divers systèmes qui le composent, qu'il n'est permis à un musicien de séparer, dans un piano, la table harmonique d'avec les touches.

J'ai montré le bonheur dans son expansibilité complémentaire : qu'on prenne cet état, *qu'on le retourne*, et on aura l'unité dans la souffrance, c'est-à-dire, celle-ci nous envahissant comme la loi hypothécaire des Romains : *tota in toto et tota in quâlibet parte!...*

V.

L'un des caractères du bouleversement dont il s'agit — je l'ai déjà signalé—est de se soustraire à l'observation du monde extérieur, parce qu'il s'effectue dans un milieu sans clairières; et que, ne faisant point de bruit, nulle oreille ne peut l'entendre ; et que, ne s'irradiant point sur nos surfaces, ne se modulant point sur les traits de notre visage, nul œil ne peut le surprendre ! Il est caché comme le sont les actes de la pensée, comme l'est celui de la fécondation, comme tous les mystères de l'intelligence. Il est aux douleurs *reçues* ce que sont, en toxicologie, la morphine, la strychnine, le chloroforme, aux poisons qui ravagent nos tissus dès qu'ils les touchent... Voilà, certes, une grande différence entre la façon d'agir de ces substances ; mais, au résumé, celles qui *tuent* sans laisser de traces apparentes doivent-elles former une classe à part sous la désignation de *perturbans imaginaires ?*..... Telle est presque la conclusion à laquelle aboutissent, parmi nous, non seulement les *velches*, mais encore les esprits distingués qu'accablent certaines idées préconçues.

Une telle condition est terrible, mon cher confrère, parce que le malade n'est pas *vu*, et qu'il n'a pas, à l'égal du cancéreux, de l'anasarque ou du phthisique les *népenthès* de la commisération. Il est sans témoins : l'hospitalité est refusée à ses maux ; il n'est pas plaint — je le disais dans mes lettres à M. le professeur Rostan — mais, de plus, il est en butte, de la part des personnes dont il dépend, à des réflexions humiliantes pour sa dignité, et à des réticences d'autant plus injurieuses, qu'elles sont plus timides et plus ménagées. Il est considéré comme un esprit qui s'*est* désenrayé des voies battues, qui vague *volontairement* dans les brouillards d'une poésie morbide !... Or, pour ce malheureux tout se transforme en élémens de peine pour converger sur son système émotif et en entretenir l'excitabilité. Il lui semble qu'un génie inclément et barbare ait remplacé, pour son compte, l'action providentielle... Il palpe l'inanité des choses en ce qu'elles ont de déchirant et d'amer, sans pouvoir être touché par ce qu'elles ont de gracieux et de tendre. Et sans doute ! car il est bien difficile, et souvent impossible, de revenir à la vie commune lorsqu'on est hors de son centre, et que nulle main ne s'étend pour nous aider à y rentrer, parce que — encore une fois — il manque, à ceux qui nous jugent, cette *intrusion* du regard qui, comme une seconde vue, fait surprendre l'*invisibilité*.

Si ces bouleversemens se réflétaient au delà du derme, un névrosé ne pourrait se montrer sans que l'on s'écriât comme les enfans de Ravennes, à l'aspect de Dante, *voilà cet homme qui revient de l'Enfer !*

Ainsi, il est bien entendu qu'il ne peut y avoir d'Espagnolet pour en faire passer le témoignage dans l'âme des autres, comme l'ont fait la sculpture antique à l'égard de Laocoon, et Lebrun dans son caractère des Passions. Le pinceau même d'Eugène Delacroix — cet interprète de la mélancolie du siècle — ne peut que demeurer immobile en face d'un malheureux qui subit les rafales du *supplicium neuricum.* Il faudrait, pour rendre cette situation, qu'un Mozart, un Beethoven ou un Mendelssohn pussent les noter dans leur céleste idiome ; car, à la musique seule appartient le pouvoir de traduire avec ampleur les intimités douloureuses de notre pauvre nature. Donizetti, Georges Onslow et quelques autres ont composé leurs plus belles œuvres au fort d'une insurrection de ce genre. Quant à la parole, elle est trop bornée, serait-ce celle d'Isaïe, de saint Jean ou de Shakespeare... A cet aveu il semble que je devrais m'incliner de honte et demander pardon aux immortels génies que j'évoque — ainsi qu'à vous, Monsieur — d'avoir osé entreprendre de vous parler de ce drame ; mais remarquez que je ne fais *que vous en parler :* je le balbutie ! Maintenant, que ce soit dans une impulsion abondante, peut-être irritée, c'est possible ! et il ne peut guère en être autrement. Je ressemble à un muet auquel on arracherait un bras : dans l'impossibilité d'appeler au secours, ce muet pousserait des cris, se livrerait à des gestes qui seraient presque des convulsions ; et cependant, à défaut d'harmonie, comme à défaut de rhythmes, *il dirait un peu* de ce qu'il lui est impossible d'articuler.

Cette question de linguistique appliquée étant soulevée, je vous demande de m'autoriser à la continuer afin d'annuler une observation qui n'est pas très bien appréciée par ceux-mêmes qui la produisent.

VI.

On dit : « Les hypochondriaques écrivent avec une énergie, une fécondité de tropes et une élégance fort remarquable. » Et pourquoi ? parce que la douleur les anime et les *trempe :* c'est elle qui leur communique cette diction ardente, enluminée, en les affranchissant de la subordination rhétoricienne... Cette éloquence-là est la *vérité* incorporée au sentiment; elle est, pour plus d'exactitude, *la conviction poignante du fait !*

Est-ce que saint Vincent de Paul avait besoin de règles quintiliennes pour parler de la charité? Et Napoléon a-t-il eu besoin, pour enflammer ses soldats, de recourir à des harangues *cuistrales?* Un homme d'honneur, accusé à faux, ne trouve-t-il pas, dans son for intérieur, — lors même qu'il serait tout à fait étranger aux Belles-Lettres — les données d'un langage qui épanouit dans une simplicité majestueuse le caractère de son innocence? J'ai vu, en Valère Maxime, qu'un certain philosophe, du nom d'*Hégésias*, exprima avec tant de succès les angoisses dont la vie était quelquefois affligée, que la plupart de ceux qui l'entendirent prirent le parti de se tuer; et que, pour empêcher les effets d'une élocution si pénétrante, on en défendit l'usage. C'est que cet homme avait profondément souffert, sans quoi il n'aurait pas obtenu des résultats aussi concluans.

M. Brierre de Boismont — il y a peu de temps — a laissé tomber de son attractive plume des lignes que j'ai dû saisir avec avidité, tant elles sont justes et bien touchées : « Il est de la dernière évidence — dit ce savant aliéniste — que c'est à l'aide d'une hallucination interne (qui n'est elle-même qu'une faculté merveilleuse de l'âme, l'*intuition*) que les maîtres de l'art parviennent à donner le coloris de la vie à leur composition si animée et si attrayante. Ils voient dans l'œil de leur esprit ces créations, d'abord confuses, se dessiner de plus en plus nettes, et lorsque les contours en sont bien arrêtés, la représentation bien exacte, ils les transportent dans leurs écrits, mais sans *jamais* réussir à rendre l'image qu'ils avaient dans leur rétine intérieure (1). »

Ainsi, Monsieur, faire ressortir que les malades du système émotif écrivent avec feu et que leur plume subjugue — si ce n'est la foi, du moins l'esprit de ceux qui les lisent — c'est tacitement reconnaître qu'ils sont dans les limites de la conscience, et qu'ils n'*inventent pas* les tristesses, les imprécations ou les tendretés qu'ils cherchent à symboliser...

Comment, le plaisir donnera au style de la mollesse et de la grâce; il nous fera hennir, gazouiller, piaffer, et son opposite ne nous communiquerait pas la force, et, parfois, les couleurs du génie!

Il n'y a donc pas à être surpris du mérite littéraire que peuvent montrer les névrosés, à quelque nuance qu'ils appartiennent, parce que les

(1) Analyse d'un travail de M. le docteur Giraudet, sur les anciennes pestes de Tours. (Union Médicale du 30 juin 1855.)

souffrances dont ils se plaignent viennent de loin et tombent de haut... Elles sont *magistrales*, car, généralement, elles sont attribuées aux natures passionnées par le cœur, ou se consumant sous l'activité mentale. D'ailleurs, cette classe d'écrivains a ses réminiscences scolastiques, et ce qui lui revient d'une *sérieuse* fréquentation avec les grands modèles. Il y a tant de gens dont les productions *ne sont pas autre chose!...*

VII.

Je ne pousserai pas plus loin, Monsieur, cette lettre, déjà si étendue et si abstruse..... Accueillez-la avec bonté — faites davantage..... — daignez-lui consacrer quelques instans d'une attention soutenue. Je désire ardemment que vous acceptiez, *sur parole*, les assertions qu'elle renferme ; ce qui implique un autre vœu empreint de la plus parfaite charité : c'est qu'aucun de vous, là-bas, n'en vérifie sur lui-même l'exactitude et la *loyauté!*

. . . .

J'ai commencé par un vers emprunté à la liturgie catholique, et je finirai par une citation tirée de saint Paul. Ce que l'apôtre scrutateur a dit des mystères d'en haut, je l'appliquerai à la douleur névrique, vous priant de vous en souvenir lorsque vous approcherez d'un malade qui la subira :

Sermo Dei penetrabilior omni gladio ancipiti et pertingens usque ad divisionem animæ ac spiritûs, compagum quoque ac medullarum...

Recevez, mon cher confrère et ami, l'expression de mes sentimens les plus affectueux.

Dr Dumont (de Monteux),
Médecin de 1re classe dans le service des prisons,
au Mont-Saint-Michel.

Paris. — Typographie Félix Malteste et Cie, rue des Deux-Portes-St-Sauveur, 22.

www.ingramcontent.com/pod-product-compliance
Lightning Source LLC
LaVergne TN
LVHW010315230826
846091LV00009B/3671

* 9 7 8 2 0 1 9 4 8 2 2 1 3 *